北村朋子

DV《ドメスティック・バイオレンス》サバイバー

二次被害ともたたかって

解放出版社

まえがき

配偶者暴力相談支援センターに寄せられるドメスティック・バイオレンス（配偶者またはパートナーからの暴力。以下、ＤＶ）の相談件数は増加の一途をたどり、二〇〇四年度は四万九三二八件に上っています。

二〇〇二年に内閣府がおこなった「配偶者等からの暴力に関する調査」によると、女性の約五人に一人が配偶者などから身体的暴行、心理的脅迫、性的強要を受けた経験があります。また同調査で、命の危険を感じるくらいの暴力を受けたことがある女性は四・四％で、約二〇人に一人となっています。そんな深刻な状況に対して、二〇〇一年一〇月、ようやく「配偶者からの暴力の防止及び被害者の保護に関する法律」（ＤＶ防止法）が施行されました。その後、法が見直され、二〇〇四年一二月から改正ＤＶ防止法が施行されています。

しかしながら、一般的にはDVに対する認識度はまだまだ低いといわざるをえません。警察などでもまだ、単なる夫婦げんかとしてとらえがちです。

改正法では、肉体的暴力以外の精神的暴力に対して「心身に有害な影響を及ぼす言動」として暴力の定義に加えられましたが、警察や都道府県による相談・一時保護などで対応することにとどめて保護命令は適用しないなど、まだまだ不十分です。精神的暴力による心の傷は一生涯消えることのない深いものなのです。

この本は、DV被害の体験のみではなく、被害者を支援する立場にある職務関係者が、DVに対して基本的な理解を欠いていたり、偏見をもっているために起こる二次被害についても実例をとおしてつづっています。

もちろん、DV被害者のために親身になって日々、努力してくださっている方が多くおられることは私もよく知っており、そのご苦労に対して、感謝の意と敬意をお伝えしたいと思っています。

しかし一方で、肉体的暴力だけではなく、精神的にもダメージを負った女性たちが救いを求めて逃げてくるシェルターや一時保護所、母子寮、相談した市の職員や離婚の調停における調停員などの心ない言葉で傷つくといった二次被害があることも事実です。

本書であえて二次被害の現状を書くことによって、ＤＶに対する認識を高めていただくとともに、ＤＶ問題を社会問題として読者の皆様に考えていただきたく執筆いたしました。ＤＶ解決の一助になればと心から願っています。

二〇〇五年六月

北村朋子

DVサバイバー――二次被害とたたかって……目次

装画……橋本浩子
装幀……上野かおる

はじめに

新聞に左記のような内容のドメスティック・バイオレンス二次被害の記事が掲載されていました（「読売新聞」二〇〇三年九月一〇日、二〇〇四年六月三〇日掲載記事より抜粋）。

ケース1　関東に住む女性（三七）は夫の暴力から逃げて関係機関に駆け込むたび、DVへの理解に欠ける担当の対応に傷つけられた。
最初に相談にいった警察署では「だんなさんを留置場に入れても一晩しか泊められないよ」と言われ、被害届を出すことをあきらめた。入院した病院では、家に医療費の問い合わせをされ、夫に居場所を知られた。退院後に入所した保護施設では、ほかに行き場所がないのに相談員から退所を促された。困った顔をすると「誰がお金を払うと思ってるの。あなた一人で二十万円も税金がかかるのよ」と言われた――。

ケース2　「私はＤＶ被害者です。健康保険証がないため困っています。特段の配慮をお願いします」。夫の暴力を逃れて五歳の娘と一緒に家を出た女性（四三）は、この二年半余り、福祉事務所や役所など訪れる先々で、そんな内容の「中立書」を書かされた。書き方がわからず戸惑っていると、担当者は「ほら、これ」と別の被害者が書いた中立書をカウンターに放り投げた。次に来る被害者は、私のを見て書くのかな――。涙で文字がにじんだが、背後のベンチで待つ娘の目が気になり、黙って書き上げた。

夫のもとから逃げて以来、家探し、子どもの保育園入園、健康保険証の申請、自分名義の銀行口座開設など、生活していくための「手続き」が山ほどあった。一人で窓口を訪れては「済みません」「お願いします」を繰り返してきた。「暴力で打ちひしがれた自尊心が、さらにずたずたにされた」と振り返る。

このような二次被害が起こる原因は、ＤＶに対しての認識不足です。これからつづる話は、そんな被害に遭いながらも、たくましく明日を生きていこうとする女性の物語です。

ＤＶ被害者なぎさ

なぎさ（仮名）と出会ったのは私が運営するホームページ上です。ボランティア活動として、ドメスティック・バイオレンス＝ＤＶ（以下、ＤＶとする）のさまざまな相談にのっているなか、彼女から相談を受けたのが始まりでした。

当時、彼女は離婚訴訟中であり、夫と娘の面接交渉権を拒否したいとのことで、毎日ネットでそのための情報収集をしていました。

従来のＤＶ防止法では「保護命令の対象」が配偶者のみと限定されていましたが、二〇〇四年に改正されたＤＶ防止法では、離婚した元配偶者や同居の子どもにも接近を禁止する命令が出せるようになりました。このこと自体は大きな前進です。しかし離婚後、加害者から子どもへの面接交渉などの問題はどうするかという課題を残してしまいました。この問題に彼女は困惑し、裁判で闘っていました。

裁判所は、十分な調査も証拠もないままDVの申し立ての真偽を判断しなければならないことも多く、その判定が加害者と被害女性への誤った認識にもとづいてなされることもある。親権および面接交渉権の訴訟は、DV被害のなかでもっとも光が当てられず、改善が立ち遅れている領域といえよう。(ランディ・バンクロフト／ジェイ・G・シルバーマン著、幾島幸子訳『DVにさらされる子どもたち』金剛出版)

二〇〇四年三月のある日、彼女からこんなメールが届きました。

「私は昨年、夫の暴力に耐えかねて二歳の娘を抱いて、早朝五時に交番に逃げ込み、その後、保護してもらいました。

シェルターに入所し、母子寮に移りましたが、そこの対応もひどいものでした。

母子寮入所時に娘の精神状態についても伝えましたが、一切の考慮も配慮もなく、娘は追い討ちをかけられるように傷つき、不安を増幅させてしまったと思います。かなりの精神的ストレスに加え、保育園で一切の食べ物を拒否し、お昼寝もしなくなったためか、母子寮退所直前には夜中に何度も吐いてしまう状態でした。

しかし入所時、私は人に逆らうということができず娘を守ってやることはできませんでした。母子寮がすべて悪い所ばかりとはいえませんが、職員にDVの知識がなく、まるで犯罪を犯した逃亡者のような扱いをする母子寮は少なくないようです。

別の母子寮に入所した私の知人は『母子牢《ぼしろう》』と呼んで、今もそのなかで頑張っています。

……」

このメールを読んで、なぎさの身にこれまで何が起こったのか、そして母子生活支援施設（母子寮）でどんな扱いをされていたのか、私はいたたまれない思いになり、彼女の足跡を追ってみることにしました。

なぎさは夫の暴力に何度も命の危険を感じ、二〇〇三年八月、やっとの思いでまだ幼い二歳の娘をかかえシェルターに入所しました。

なぎさの夫、宏（仮名）は彼女に対し、ハサミで手を刺す、殴る、ける、ガラスが割れるまでアルミサッシの窓に頭をぶつける、包丁で脅すなど、再三の暴力行為を繰り返してきました。逮捕時、夫は警察に対してその事実を完全に否定していましたが、保護命令違反で起訴されました。

彼女はこの一年ほど前にも、何度も夫に殴られ、包丁で脅されたため、娘を抱いて交番に相談に行っています。そのときは、「夫のアルコール中毒を理由に強制入院をさせてほしい」と申し出ましたが、「本人の意思がないと無理」とあっさりと言われ、あきらめて帰宅したとのことです。

その夜もいつものように夫はお酒を飲んでなぎさに絡んできました。彼女の髪をわしづかみにして頭を床に叩きつけて「土下座して謝れ」と言います。いったい何を謝ればいいのだろうと思いつつも、ただひたすら「ごめんなさい」と言うなぎさを夫は家中追い回しました。夫は拳《こぶし》をふるい、娘の愛子（仮名）を抱いているなぎさの腰を背後から何度もけりつけました。

夫は、泣き叫ぶ娘をなぎさから奪い取ると邪魔になるからと押し入れに放り込んだのです。その際、愛子は指を骨折するというけがを負ってしまいました。

なぎさは自力で飛び落ちるように押し入れから転がり出た愛子をかかえて玄関へ急ぎました。しかし、外に出る直前、夫が髪の毛をつかみ、引き戻されてしまいました。何とか開くことができたドアのすき間から「助けてー」と精いっぱい叫んでみましたが、誰も助けにきてはくれません。その夜は出ていくことができず、そのまま朝を迎えました。

このままでは自分も娘も危ないと考え、夫がトイレにはいっているすきを見て、寝ている愛子を抱きかかえ夢中で家を飛び出し、近所の交番まで走って逃げました。夫は血相《けっそう》を変えて追ってきましたが、幸い反対の方向に走り去ったため、無事交番までたどりつくことができました。

なぎさは交番の警察官に、「夫の暴力から逃げてきました。保護してください」と必死に懇願しました。

しかし警察官は、「実家はどこ？　近所なら実家に帰れば？」と言うだけです。実家にも戻れず、夫に居場所を知られたくない彼女は、「それなら夫を捕まえてください」と言うと、「診断書を持って本署に行ってもらわないと」と答える始末。

なぎさは平静さを失い、「どうして捕まえてもらえないのですか？　実家に帰れば夫に連れ戻されます。実家には帰れません」と必死で訴えると、警察官は面倒くさそうに「でも、お金も持ってないんでしょう？　どうするの？」と言うだけでした。

「警察は何もしてくれないの？　このまま私が家に帰って、刃傷沙汰《にんじょうざた》になったら、あんたの責任よ」という言葉に、ようやく面倒くさそうに机の中からマニュアルを取り出し、本署に連絡。そして、「本署に行って話をしてくれ。あっ、お金持ってないんだよね」とため息をつきました。

そんな警察官の姿になぎさは絶望し、一時間後、いったん自宅に戻ってしまったのです。夫は団地の階段で待ち受けていました。なぎさから愛子を奪いとると、階段からけりつけて「二度と帰ってくるな」と大声で怒鳴りました。声を聞きつけた下の階の圭子（仮名）が駆けつけてくれましたが、心配そうに見守る友だちに対し、「こいつは腹を切らなければまともに子どもも産めなかったし、乳も出なかったんだ。こんなやつに母親の資格はない」と言い残し、五階の自宅へ上がっていきました。

なぜか、帝王切開で出産したことと母乳が出なかったことが気に食わなかったようです。常にそのことで夫はなぎさを罵倒《ばとう》していました。

交番でさんざん、「お金、持っていないんでしょう」といやみを言われたこともあり、圭子に付き添ってもらって自宅から財布を持ち出し、圭子の家で休ませてもらいました。おびえて泣く愛子の声が部屋にまで聞こえてきました。圭子がバナナを持って様子を見にいってくれると、夫は泣き続ける娘に困惑していたようで、「うちで預かるわ」という圭子にあっさりと手放しました。

再度逃げるしかないと考えたなぎさは、圭子に協力してもらい、まず指が腫れて痛がる愛子を病院に連れていき、そこで診断書を取って警察署まで送ってもらいました。

警察署で夫を告訴するつもりでしたが、勇気がなく、さんざん迷ったあげく、「私たちを逃がしてください」というのが精いっぱいでした。

二〇〇一年一〇月から施行されたDV防止法に「第三章　被害者の保護　第八条　警察官は、通報等により配偶者からの暴力が行われていると認めるときは、警察法、警察官職務執行法その他の法令の定めるところにより、暴力の制止、被害者の保護その他の配偶者からの暴力による被害の発生を防止するために必要な措置を講ずるよう努めなければならない」とあります。それにもかかわらず、このような警察の怠慢な態度には、憤りを感じます。実際に警察に事前に暴力被害を訴えていたのに、何も対応してもらえなかったために七人の親族が殺害されるという悲惨な事件も起きています。

今回のケースにおいても、なぎさがいったん自宅に戻ったときに殺傷されてしまう可能性があったかもしれません。このようなDVを単なる夫婦げんかと軽くみるような警察側の認識不足は、事件を未然に防ぐためにも、今後改善されなくてはならない問題です。配偶者からの暴力の特性などに関する理解を深めるために必要な研修および啓発を徹底的におこなってもらいたいものです。

母子生活支援施設

警察からの連絡で、その日の夕方、なぎさは圭子に付き添ってもらってシェルターに入所することができました。夫からの暴力に一五年間耐え続けてきた末のことでした。

その後、なぎさは二歳の愛子と一緒に母子生活支援施設（母子寮）に入所することとなりました。

これで夫からの暴力に遭わずに安心して愛子と暮らせる、一五年の苦しみから解放された、と喜んだのもつかの間で、いつまでここで暮らしていけるのだろうという不安がよぎりました。

入所にあたり、なぎさは支援計画をたてるために必要だからと自立支援計画書というものを書かされました。なぎさは看護師としてのキャリアがあったため、その仕事を生かして再就職したいと思っていたので、病院または介護関係の仕事をしたいと書きました。しかし、職員からは同じ福祉法人がクリーニング業と清掃業を経営しているとの理由で、そこで働くことを強いられたのです。正直、なんのための自立支援計画なのか理解できませんでした。

自立支援計画書は毎月提出しなければならない決まりになっていました。しかし、それにもとづいた「面接」などがおこなわれることはありません。試しに翌月、自立支援計画書を提出し忘れたふりをしてみましたが、何もとがめられることもありませんでした。DV被害者の受け入れは施設維持のためなのでしょうか。「母子寮は私たちを受け入れることで市から補助金を受け取っているのよ。結局、お金のためなのでしょうね」と、当時を振り返ってなぎさは言います。

なぎさは「離婚調停の申し立てをしたい」と言いましたが、お金がないからという理由で申し立てさえさせてもらえませんでした。寮の職員は、「まず、働いて自立することが先でしょう」と言ってクリーニング工場で働かせるのです。また、「今後も生活保護の受給などできない」と言われました。理由を聞くと「ここは自立して働くための場所だから最初からあてにしてはいけません。その都度、相談しましょう」との回答でした。

職員による規則説明がありました。まず、勝手な行動はできないこと。すべて外出も職員の許可が必要であること。携帯電話は解約すること、そして、家計簿はきちんと毎日つけて提出すること。毎日、クリーニング工場で真面目に働くこと。給料が入金される通帳は母子寮に預けること。同じ母子寮の他の世帯との交流はしないようにすること。子どもの保育園で他の母親たちとは仲良くしないように気をつけることなど、納得がいかないような規則、というより、命令を受けました。

「保険証がないので、子どもが病気になった場合は、どうすればいいのですか？」と職員に聞くと、「働いて保険料が払えるようになるまで、病気にならないように気をつけてね」と無愛想《ぶあいそう》に返答されました。子どもの病気はいつ起こるかわかりません。特に二歳という幼児期は発熱もよくあることです。返ってきた職員の言葉に彼女の不安が助長されていきました。医療さえまともに受けられない現実にショックを受けつつ、選択肢がない彼女にとっては、とにかくここで頑張って暮らしていくしかなかったのです。

彼女が入った母子寮は、部屋は完全にワンルームで風呂もトイレもキッチンもすべて整っており、快適な空間でした。それにもかかわらず、入所当日の職員の言葉に心が凍りついてしまい、不安とともに更なる困難な生活が始まるように感じられました。

入所した翌日、関連施設である保育園の面接に行かされました。歩くこと四〇分。「ずいぶんと遠いんですね」と言うと、保母さんは、「園児はお迎えのバスに乗れますから」との答えでしたが、バスに乗れるのは三歳児以上のクラスで、愛子はまだバスには乗せてもらえなかったのです。

翌日から幼い愛子と手をつないで四〇分、保育園まで歩いていきました。お天気の日はいいのですが、雨や風の強い日はとても遠い道のりでした。しかし、愛子は泣き言を言わず、一生懸命に歩きました。息苦しい日々のなか、母子で手をつなぎ、いろんな話をしたり歌を歌ったりしながら歩く道のりは、唯一、誰の干渉も受けない自由な時間でした。

ただ、突然の環境の変化に愛子はなじめず、保育園では泣き叫び、昼寝も食事もしない状態でした。

「ママ、行かないで、ママ、いや、愛ちゃん、お利口さんにしているから」と泣き出すわが子に後ろ髪を引かれる思いで、クリーニング工場へ働きに行かなくてはならない毎日でした。保育園を出ても、ずっと愛子の泣き声が聞こえ、工場で働いていても泣き声が頭にこびりついて離れませんでした。

クリーニング工場の就労者は、ほとんど同福祉法人の身体障害者施設の人と母子寮入所の母親でした。障害者の仕事は単純作業で、主な働き手は母子寮の母親たちのように思えました。なぎさはランドリーに配属され、布おむつをたたんでいました。

関連施設の保育園では、レンタルの布おむつを一カ月四千円で貸し出しするのが規則ということで、なぎさが「自分の持っているものを使いたい」と言っても断られ、結局、布おむつ代金として一カ月四千円が給料から差し引かれました。その布おむつを仕事として洗濯し、たたんでいる自分が納得できませんでした。

クリーニングの受注先は保育園の他にも、公立病院、ホテル、公共施設など、安定した取引先をもっていたにもかかわらず、時給は六五〇円と最低賃金法のぎりぎりの額です。生活保護の受給さえ認めてもらえない入所者は、母子寮からお金を借りて、返せるまで働いて……を繰り返す生活でした。規則で他の母親たちとの交流を禁止したり、外部との連絡を一切遮断《しゃだん》することは、お金で縛りつけて働かせるために情報を遮断させているようにも思えました。

愛子は母子寮での生活に慣れず、不安定な精神状態になっていました。しかし寮の職員からは、「時間がたてば子どもは順応するものよ」と言われ、「過保護にするな」と言わんばかりでした。

そんなある日、愛子が風邪をひいたようなので、母子寮の寮医のところに受診に行きました。しかし、「保険証がないので、自費負担になる」と言われ、お金を持っていなかったなぎさは、あきらめて母子寮に帰りました。

二週間後の雨の日、夜中に愛子が泣き叫び、朝にはぐったりしていたので、熱をはかると三九度もあります。あわてて母子寮の職員に告げると「在所証明」という紙切れを渡され、市役所の国民保険課に行くように指示されました。

すぐに医者を呼んでほしいと頼みましたが、「保険証がないのだから、市役所で手続きしないとだめなのよ」と冷たく言われるだけでした。

なぎさは雨のなか、高熱の愛子を抱きながら、二〇分の道のりを歩いて市役所に向かいました。タクシーに乗るお金など持っていなかったのです。

市役所にさえ行けば、娘の悪い容態を見てすぐにお医者さんを呼んでもらえると、その道中思い込んでいました。しかし、窓口の対応は冷たいものでした。最初に行った国保課はただ「市民課に行くように」と言うだけで、次の市民課に行くと「あなたは夫の扶養《ふよう》に入っているので保険証の発行はできないのよ」と事務的に説明するだけでした。

愛子は高熱でぐったりしてます。もうどうしたらいいのかわからず、あまりに冷たい市役所、母子寮の応対に悔し涙が流れ、なぎさは泣きながら「誰に言えばいいのですか？」と必死で訴えました。

窓口の女性は、迷惑そうな顔で今度は「保護課に聞いてください」と言うだけです。ぐったりしている愛子を抱きながら、今度は保護課に行くと、職員の男性が怒ったように「勝手に来られても困る。母子寮に相談してほしい」と言ったのです。

もう我慢の限界でした。愛子が高熱でこんなにぐったりしてしまっているのに、たらい回しにするだけで、誰一人、心配してくれない。なぎさは、「母子寮に相談して来たのに、市役所は病気の子どもを病院にも行かせてくれないの！　誰に言ったらいいの」とその場に泣き崩れました。

しばらく泣いていると国保課の人が来て、あきれ顔で「こういうことはね、まれだから誰でも知っているわけではないのよ」と嫌みっぽく言い、やっと保険証を発行してくれました。

市役所で一時間、やっと保険証を得て、小児科で子どもを診てもらい、母子寮に帰ると、今度は職員が「市役所で大変だったんですってね、こういうことはたまにあるのよね」と笑って言ったのです。なぎさは思わず、「どうして電話の一本でも市役所に掛けてくれなかったの」と文句を言いそうになりましたが、我慢してその言葉を飲み込みました。基本的な配慮さえない母子寮の職員。そして面倒な仕事を避けるため、たらい回しにすることしかできない市役所の職員。弱者に対する支援体制への意識が全く欠如していることについてあきれはてました。

なぎさは、もうこんなところにはいられないと思いました。やっと夫の暴力から逃げて、安心して暮らせると思ったのに、更なる苦労を強いられるばかり。自由に生きるために必死で逃げたのに、こんなことなら逃げなければよかった。「もう、この施設にはいたくない」、そう決心したなぎさは、保育園に愛子を送りにいく途中、公衆電話から父親に電話をかけました。

父から猛烈に結婚に反対されたのに、その言葉を無視して夫と一緒になったこともあり、本当はこれ以上の心配をかけたくはありませんでした。しかし、もうどこへ行ったらいいのか、どうしたらいいのかわからない、一刻も早くこの寮から逃げたかったのです。

父は突然にいなくなった娘を心配していました。

「戻って来い。保護命令もあるし、近くにいたらお前も愛子も守ってやれる。ここで戻って一緒に闘おう」と言ってくれた父の言葉がうれしくて、涙が止まりませんでした。

退所することを告げると職員の態度は一変し、愛子が話しかけても相手にされず、無視されました。

寮長からは、「いつ出るの？　追い出すわけじゃないけれど、次の入所者の予定もあるから、早くしてね」と言われました。

こうして一カ月と二〇日、なぎさは母子寮生活を終えました。

「母子寮は共同生活ですからルールが存在することは当然です。しかし、離婚調停まで規制されるのはルールの範囲を超えています。また仕事を選ぶ権利も、生活保護を受ける権利も、病気になって治療を受ける権利さえ与えてもらえませんでした。自立支援とは名ばかりで現実は商売としか思えませんでした」

なぎさは当時を振り返ってこう語りました。

お金も行くあてもない子連れの母親たちは否応なく、母子寮を選択するしか生きる道はありません。ＤＶに理解をもって対応している母子寮もあるでしょうが、なぎさが体験したことは、まさに「母子牢」と呼ぶにふさわしい対応だったと言います。

その後、なぎさはシェルターの職員に母子寮を出たことを報告すると、「なぜ、そんな危険な選択をしてしまったの？　母子寮でもう少し頑張れなかったの？」と困った顔をしてため息をつかれました。

母子寮に入ってからもその寮に不満があれば、シェルターの職員に相談して、また別の母子寮を探す方法もあるというのです。しかし、ＤＶ被害者たちには、そんな選択ができることも知らされていませんし、また、そこまで思慮できるほどの精神的余裕もありません。

ＤＶ被害者たちはおおまかな所在地を希望できるだけであり、母子寮を斡旋《あっせん》する市の担当者でさえ、詳しい施設の情報をもっていないのが実状です。入所するまでわからないことが多い、それが母子寮の現状なのです。

私は他の女性からも、母子寮に関する話を聞きました。彼女の親戚《しんせき》が同県の別の母子寮に入居しましたが、ここでも人間扱いされていなかったといいます。

まるで刑務所にでも入れられたのかと錯覚してしまう生活を送らなければならない。勝手な行動は一切禁止されており、たとえばお風呂では、常に監視のなか「シャワー出します」「止めます」と声かけをしなくてはならない、といったことがあるというのです。

そのような実態を確認するため、私は○○県庁の母子寮担当者に電話をかけてみました。すると、「県は一切関係ない。市のほうの運営管轄なので、市役所に電話してほしい」と言われました。そこで市役所に電話したところ、たらい回しにされたあげく福祉部児童課に電話を回され、担当者から「そこは民間施設なので、市役所は何の関係もありません。公営ならば市の責任ということになりますが、民間ですから私たちは何もわかりません」という回答でした。

しかし、市役所のホームページには、なぜか、福祉施設の案内というところに母子生活支援施設としてこの母子寮が紹介されています。このことだけでも、なぎさが市役所の職員のひどい対応に苦しんでいた状況が私にはよく理解できました。

私も後で知ったのですが、母子寮に関して苦情などがあれば、その県にある運営適正化委員会に言うことができます。運営適正化委員会は都道府県社会福祉協議会が定めることとしており、適正な運営を確保するため、当該事業者に対して必要な助言や勧告をしています。しかしながら、ＤＶ被害者たちは知る由《よし》もありません。

地獄の結婚生活

半年後、なぎさからこんな手紙がきました。

「娘を抱いて必死で走った日からもうすぐ一年になります。あのとき、交番まで走ったらすべてが終わる。そう思ったからこそ走れたのだと思います。

シェルターに入所したとき、『これで救われた』とホッとしたものです。しかし、それは本当の意味での闘いのほんの始まりに過ぎませんでした。逃げれば、離婚できれば、とその都度『終わり』を探して頑張ってきました。

離婚しても終わりにならない。そのことに気づいたとき新たな恐怖に襲われるようになりました。何度も何度も恐怖と闘いながら這い上がってきたつもりですが、少し息が切れてしまいました。

夫は保護命令違反で三カ月の勾留《こうりゅう》期間（警察で逮捕されたあとの勾留と、その後起訴されてからの勾留をあわせて）を経て、今月、刑事裁判の被告人席に立ちます。よくて執行猶予《しっこうゆうよ》ということで即日にも釈放されるでしょう。そして、来月にも接近禁止命令（六カ月）も切れてしまいます（なぎさの場合は、半年前に接近禁止命令の再発令の申請を出している）。

再再度の発令は出されるだろうか？　いつまでこんなことを続けなければならないのだろうか？　逃げないと決めてあらゆる法律を盾に闘うことを選択した私ですが、立っているだけで精いっぱいの気持ちになってしまいました。

この一年、私は前に進んだのだろうか？　別居という事実を考えれば確かに一歩進んではいるけれど、一年かかってやっと『別居』だけで、先が見えない。そんな現実に押しつぶされそうな恐怖を感じています」

夫、宏との一五年間の結婚生活は、壮絶な暴力が絶えない日々でした。

なぎさは、ときどき激しいフラッシュバックに襲われるといいます。テレビドラマの再放送を見ると、あのとき、この番組を見ていたあのとき、私は何をしていたのだろうと、行き場のない怒り、苦しみがよみがえってくるらしいのです。

働かない夫。お酒を飲んでは暴れる夫。

生活苦から借金を繰り返し、なぎさが夜遅くまで働いてもどうにもならなくなり、自己破産もしました。

結婚して一二年がたっていました。なぎさは精神的にも追い詰められ、今の生活から逃げたい一身で、睡眠薬を大量に飲んで自殺未遂もしました。しかし死ぬこともできなかったのです。

「もうこんな生活は終わりにしたい」と夫に離婚を申し出ました。しかし、不倫を邪推《じゃすい》した夫は、「お前が別れたいというのは好きな男ができたからだろう。白状してみろ」と殴るけるの暴力をふるったあげく、包丁をのどに突き刺そうとしました。

「やめて！　お願いだからやめて！　別れてほしいだけなの」と懇願すると、包丁を大きな裁縫バサミに持ち替えた夫は、なぎさの手のひらを突き刺しました。なぎさは殺されてもいいと思い、もう抵抗する力さえなく、恐怖すら感じていなかったといいます。

ＤＶ被害者は暴力を常に受けていると無気力になって、動きがとれなくなってしまうといわれています。感情が鈍麻《どんま》して、痛みも苦しみもわからなくなってしまうのです。まさになぎさの場合も日常的な暴力によって、この状態になっていました。

左手からは血が噴き出していました。

「もう気が済んだでしょう」と夫に言い、なぎさは自ら救急車を呼び、病院へ向かいました。左手掌裂傷《ひだりしゅしょうれっしょう》及び腱断裂の傷を負い、半月間の治療を要しました。

血だらけになった床を見つめながら、やがて夫は目を覚まし、自分のしたことを後悔するであろう、いつものパターンです。

なぎさは病院で本当のことを言いませんでした。

「転んだときにハサミに刺さってしまいました」と、うその言い訳をしました。このような状況でさえ、夫をかばい、夫と闘うことを避けていたのです。

ＤＶ被害者は加害者から強いられる恐怖によって、けがをしても正直に言うことができない場合が多いのです。この時点で医師がおかしいと感じ、警察に通報していたら、夫は傷害罪として警察に逮捕されていたでしょう。

「配偶者からの暴力を受けている者を発見した者は、その旨を配偶者暴力相談支援センター又は警察官に通報するよう努めなければならない。
二　医師その他の医療関係者は、その業務を行うに当たり、配偶者からの暴力によって負傷し又は疾病にかかったと認められる者を発見したときは、その旨を配偶者暴力相談支援センター又は警察官に通報することができる。この場合において、その者の意思を尊重するよう努めるものとする」（DV防止法　第三章　被害者の保護　第六条）

法では、このように定められています。

近年、児童虐待などが発覚されるケースで、病院の医師からの通報によるものが多くあります。しかし、先にあげたDV防止法はあくまで努力を求めるものであり、強制ではありません。そのため、発見・通報されないケースも多く、なぎさの場合も結局、DVから自ら逃げるしか助かる方法はなかったのです。

なぎさは看護専門学校を卒業後、病院で看護師の仕事に就きました。看護師になって一年目の二二歳のとき、患者である一五歳年上の宏と出会いました。

宏の目には、看護師として一生懸命に働く若いなぎさの姿がとても初々《ういうい》しく、一方、真面目で働き者のなぎさは、若さゆえに男を見る目がありませんでした。

二人が出会う前から、宏は転職と借金を繰り返していました。

なぎさと出会ってすぐに、宏は会社を退職しましたが、会社から借り入れていたお金を返済しなければなりませんでした。そのため、宏が所有していた軽自動車をなぎさがローンを組み買い取る形で現金化し、そのお金で借金を精算してあげたのです。その後、二人は夜逃げ同然で新しい土地に引っ越し、同棲を始めました。

母親との確執《かくしつ》があり、早く家を出たかったなぎさは一五歳年上の宏にひかれていました。

なぎさの持っていた二百万円の貯金で新居を借りて生活を始めましたが、宏には消費者金融二社、クレジットなど、多額の借金があり、月々の返済は二十万円以上でした。なぎさの貯金もすぐに底をつき、借金を返すために自分名義でまた、借金を繰り返すようになりました。

その間、宏は就職しましたが、どこも一週間と仕事が続かず、収入は全くありませんでした。

やがて宏は、運送業の仕事をすると言い出し、大型免許取得のため借金はさらに増えていきます。免許取得後、なんとか運送業に就きますが、不規則な生活のため、この頃からお酒の量が次第に増えていきました。

長距離輸送だったため、眠るためと称し、ますます酒量が増え、二日酔いで仕事を休むこともたびたび。欠勤するたびに給料は減り、また、数日間、家に帰れないため、持ち出すお金も多く、借金は一向に減りませんでした。

なぎさは借金を繰り返してはその場をしのいでいましたが、やがてどうにもならなくなり、地方裁判所に自己破産の申し立てをし、破産の決定を受けました。

それでも、なぎさは宏から離れることができなかったのです。結局、二人は出会ってから六年後に入籍します。

入籍して、一年後になぎさは妊娠しました。これをきっかけに変わってくれるのではとの期待を込め、なぎさは初めての妊娠を夫に伝えました。しかし、酒に酔っていた夫は、「おれをだましやがって。ずっと働くと言っていたはずだ」と激怒して、殴るけるの暴行を働きました。

お酒の酔いがさめると優しく「産んでくれ」と言うものの、酔うたびに暴力が繰り返され、妊娠八週目で流産してしまいました。なぎさは大きなショックを受けましたが、流産後すぐ仕事に復帰して生活のために働きました。

その間、夫はバイク事故に遭い、家でお酒を飲んでは、仕事で帰宅が遅くなるなぎさを殴ります。生活のために働いているのに、仕事もせず殴る夫に、さすがのなぎさも愛想をつかしていました。

その後、夫のけがも治り、タクシー会社に勤めました。しかし通勤が不便なことから勤務明けの日は毎日のように「おれにこんな仕事をさせやがって」と責めて暴力をふるうので、たまりかねたなぎさは夫に離婚を申し出たところ、先に書いたように、逆上した夫にハサミでけがを負わされたのでした。

病院から退院後、なぎさは夫と別居しました。

一人暮らしを始めたなぎさに毎日のように夫は謝罪し、「本当に後悔している。おれはお前がいないと生きていけないんだよ。今度こそ、まじめに働く、お酒もやめるから」と言って、誓約書まで差し出しました。

なぎさは、「今度こそ、本当に変わってくれる」といちるの望みを託し、一人暮らしの寂しさもあって、また夫のもとに戻ってしまったのです。そして、彼女は再び妊娠しました。「今度こそ、子どものために頑張って働いてお金を貯める」という、夫の言葉を信じてやり直すことにしました。

しかし、夫は変わりませんでした。お酒をやめると約束したにもかかわらず、やはり飲み続け、仕事にも就かず収入もありません。なぎさは妊娠三三週目まで働きましたが、出産費用も満足に準備できませんでした。そのことで不安を訴えると夫に拳で手足を殴られ、髪の毛を引っ張られてガラスが割れるまでアルミサッシの窓に頭をぶつけられました。

ベビー布団や下着など、生まれてくる子どもに最低限必要な物は、なぎさの両親が孫のためにと買ってくれました。

無事、娘の愛子を出産することができましたが、産後も夫の飲酒は変わらず、「子どもが可愛くて仕方ない」と言っては仕事をせず、お金のことで口論が絶えませんでした。夫からは、「母親だったら、せめて金くらい何とかしろ。お前さえいなければ金は何とでもなるんだ。お前はもう必要ない」と毎日のように罵倒《ばとう》され続けていました。

再び生活のための借金がかさみ、悩んでいたなぎさは、自分が死んで借金が帳消しになるほうが子どものためなのだと思い込むようになりました。

やがて隠し持っていた睡眠薬を大量に飲み、二回目の自殺を図りました。病院に運ばれ何とか一命は取り留めたものの、夫との生活は相変わらずの状態でした。仕事を休みがちな夫とお金のことで口論となり、そのたびに殴られました。

一度、包丁を持って暴れる夫に困り果て、娘を抱いて交番に駆け込み、「アルコール依存症だと思うので、強制入院させてほしい」と相談に行きましたが、「本人の意思がないと無理」と言われて、あきらめて帰宅したこともありました。

当時のなぎさは、夫がお酒さえやめてくれたらという思いで、離婚を決意することができなかったと言います。

なぎさは子どもを保育園に預けて働く決意をしますが、夫は子どもを保育園に預けることを極端に嫌い、「お金はお前が何とかしろ、実家から盗んでこい」とさえ言います。包丁を突きつけられ、五階の自宅の窓から突き落とされそうになったこともありました。日々、暴力がエスカレートし、包丁を持って暴れる日が続きます。

この頃になると、なぎさは包丁による切り傷を日常的に受けていました。思いあまったなぎさは、女性センターに電話をかけて相談しました。保健所の紹介で受診することになり、夫を連れて病院に行きましたが、診察室で医師から禁酒の話が出たとたん、「酒をやめる気はない」と激怒し、夫は診察室を飛び出しました。

最後の望みを絶たれた気がしたなぎさは、ここでやっと離婚を決意したのです。

出会ってから一五年がたっていました。

なぎさは自分自身のことを考えていました。「どうしてこんな人間に強くひかれて、自分を見失ってしまったのだろうか」と。

現在でこそ、当時を振り返って「ばかだった」と言えるようになりましたが、ここまで言い切れるようになるのに別居してから一年かかったのでした。

「私はDV家庭に育ったのではないが、母親との関係は良いとはいえない。インナーチャイルド（子ども時代に傷ついた心をかかえたまま大人になること）かもしれない」と過去を振り返ります。

確かに被害者の話をいろいろ聞くと、DV家庭に育っていたり、虐待を受けていたり、過干渉の親だったりと、必ずしもというわけではありませんが、「実家に頼れない」という現実も多くあります。

無条件で愛された記憶がない子ども時代の心の傷が、DV加害者の特徴である「ハネムーン期」（DVの暴力のサイクル理論で三つの周期があり、暴力蓄積期、暴力爆発期、そして謝罪して極度に優しくなるハネムーン期がある。〈米国のレノア・ウォーカーという心理学者の唱えた理論〉）の優しさにまどわされてしまうのかもしれません。

あとで冷静になって考えてみれば、あのとき何で別れることを考えなかったのかと不思議に思いますが、当時の彼女は夫に必要とされている自分の存在を捨てることが考えられなかったのです。一般的には、一度殴られただけでも別れると考えるかもしれませんが、二度も自殺未遂をしながらも、夫と暮らした背景に居場所のない自分の心があったのではないかと思います。

また、そのような環境の女性は男性に頼りやすく被害者になりやすいのでは、と考える人もいますが、たまたま出会った男性がDVの加害者で、二面性をもち、結婚するまでわからなかったともいえます。例えば、妻の親と同居している養子の夫でさえも、DVで困っているというケースもあります。しかしアメリカの研究では、被害者が共通してもつ性格や態度が夫や恋人の暴力を招いていることはないことを立証しており、DV被害者はあらゆる階層、学歴、地位、職業、人種に見られるのです。

DVの虐待を受けた結果として、被害者が共通して見られる心理状態に陥りがちなのだと考えます。

ただDV加害者に関しては、生育歴が多大な影響を及ぼしているといえます。だからこそ、子どもの親権問題や、面接交渉権問題に関しては、慎重に考えてもらわなくてはならないのです。

逃げない被害者

なぎさは母子寮を出てから、しばらくは実家で過ごしていました。

その後夫は、退去命令と接近禁止命令（六カ月）が出されてから、滞納家賃や光熱費の支払いに困り、家を出て行きました。それを確認したうえで、なぎさは今まで夫と住んでいた県営住宅を自分名義に変更してもらい、愛子と一緒に住むことにしました。

彼女は自らを「逃げない被害者」であると言います。ＤＶ被害者としてはイレギュラーですし、加害者からの更なる暴力を受ける危険性も高くなります。しかし、母子寮での生活後、彼女は逃げることはやめました。これが本来のＤＶ被害者の姿だと彼女は言います。

私も、なぜ被害者が、罪を犯した犯罪者のように逃亡して生きていかなくてはならないのか、その矛盾に対して憤りを感じています。

現在、改正DV防止法により、保護命令に含まれる退去命令（加害者を被害者と共に住む住居から一定期間立ち退かせる命令）は二週間から二カ月へと拡大されました。しかし、加害者が立ち退いている間に、結局は荷物をまとめて被害者が家を出なければならないという矛盾点は改善されていません。

なぎさは、生活保護の受給も決まり、ホッとした日々のなか、あまりにおとなしい愛子に違和感を覚えました。今まで、慣れない母子寮での生活を過ごすことで自分自身が必死の毎日だったため、娘の様子の変化を気にかけることもできませんでした。いつの間にか、泣くことも笑うこともしなくなったわが子を心配し、なぎさは子ども家庭センターに相談しました。

センターから保健所に相談するように言われ、保健所より小児心身症の専門医の紹介を受けました。医師の診察の結果、愛子は精神的にかなり緊張状態にあると診断され、プレイセラピーを継続して受けることとなりました。

愛子は押し入れに入れられた際にけがを負った以外には、直接の暴力は受けていませんでしたが、暴力の現場を日常的に目撃していたことで、ＰＴＳＤ（心的外傷後ストレス障害）となってしまったのです。また、母子寮という突然の環境の変化も、不安を増幅させる要因となりました。

とにかく、娘を守ってあげなければ、そして早く回復させてあげなくては、となぎさは考えました。そのためには、夫に会わすことは避けなければなりません。

なぎさは、母として娘を守りぬくために、夫と闘うことを決心したのです。

「逃げるのではなく、闘うという選択をしたことで私は私であることの一歩を踏み出せた気がします。多くの女性の恐怖と苦しみのうえにＤＶ防止法があります。そして、更に被害者の視点にもとづいた法律へと進化させるためにも、私は負けるわけにはいかないのだと自分に言い聞かせ、これから納得できる結果を手にするまで、裁判で闘っていくつもりです」

なぎさは当時の心境をこのように語りました。

DV裁判

なぎさのようなケースの場合は、加害者に直接、協議離婚を求め、話し合いを求めることはとても危険です。すぐに「DV裁判」を起こせればいいですが、日本はまだ法律の面でも問題があり、むずかしいのです。つまり、日本ではいまだに「調停前置主義《ちょうていぜんちしゅぎ》」の考えを採っており、離婚などの訴えを起こす場合、まず家庭裁判所に調停の申し立てをしなければなりません。例外的に裁判所が事件を調停に付することを適当でないと認めるときは除かれます（家事審判法一八条二項）。その中に「被告が調停に出頭することを頑強に拒み、かつ暴力（DV）等のおそれが強いなどの事案の態様からして調停に付するのは適当でないと判断される場合等」があります。

これにより、現在、家庭裁判所によっては、保護命令が出ている場合は、調停を経ないで本訴を起こせる扱いをしている所があるようです。今後はすべての家裁において、同様の扱いにしていただきたいものです。

残念ながら、なぎさの場合は、保護命令が出ているにもかかわらず、調停をすることとなりました。

調停は裁判と違ってお互いの話し合いの結果で決めるので、相手が離婚したくないといえば調停は引き延ばされ、全く、らちが明かない場合もあります。なぎさのケースはまさにこのとおりになっていきました。そういう場合は、早期に調停を打ち切って離婚のための裁判を起こしたほうがいいでしょう。調停をして期間が長引けば長引くほど加害者に居場所を突き止められたり、問題が起きる可能性もあります。ＤＶには合意をもとにした調停は適切だとは思えません。

調停では、やはり夫は離婚しないとの一点張りで話し合いにならず、終了しました。また調停での調停委員のＤＶに関する認識のなさにも、がっかりしました。調停員は中年の男女でしたが、「だんなさんも、これから心を入れ替えて、がんばると言っている」「子どものためにも、離婚はしたくないと言っています」「やり直したいと夫は言っているのよ」と夫の立場に立った発言を繰り返す始末です。

よく、ＤＶ被害者が「離婚したい」と言うと、世間や親から、「子どもを片親にするつもりか」とか「結婚は辛抱の連続なんだから我慢しなさい」などと非難されます。このような世の中の「常識」が被害者の心を逆に傷つけます。そして最後には、「夫をそれだけ怒らすのはあなたの言い方が悪いのでしょう」とも言われてしまうのです。

これらがＤＶの被害者たちが受ける二次被害の始まりです。

ＤＶ被害者たちは自分の家庭内の〝恥〟を勇気をもって話したにもかかわらず、周囲から非難されていき、加害者からも更なる仕打ちを受けます。二次被害を温存し続けてきた社会の偏見に問題があります。

私たち一人ひとりが偏見を捨て、被害者の声をしっかりと受け止めようとすることからドメスティック・バイオレンスを解決する道が開かれていくのです。

なぎさは二回目の調停の際、愛子の診断書を持参し、当分は面会を控えてほしいと調停委員に訴えました。DVに理解のない調停委員もさすがにこれを見て、理解を示しましたが、夫はやはり離婚はしないとの一点張りで話し合いにならず、調停は不成立になりました。

なぎさは裁判で決着をつけるしかないと思い、かねてから相談してきた弁護士に離婚訴訟の依頼をしました。人権派の優しそうな女性弁護士は、生活費もままならないなぎさのために破格の値段で引き受けてくれました。

そんな最中、「離婚してやるから娘に会わせてほしい」と言って夫がなぎさの家を訪れました。

なぎさはこれが最後だからと思い込み、ドアを開けてしまいました。さらに愛子の顔を見て涙を流す夫に同情し、愛子の写真を数枚渡して、携帯電話の番号を教えてしまったのです。

その翌日から夫は当たり前のように愛子との会話を求めて電話をかけてくるようになりました。「昨日はこれが最後だと言ったでしょう」と言うと、「父親が娘と話したいのは当たり前だろう、愛子を出せ」と開き直るだけです。切っても繰り返しかかってくる電話……。

電話に出なければいいのですが、何をされるかわからないと思うと無視することができません。

弁護士のほうから地方裁判所に保護命令の再申請を申し立て、四日後に保護命令が発令されました。夫も弁護士をたて、即時抗告しましたが、裁判所から棄却されました。

離婚裁判

裁判が始まりました。離婚裁判は、二〇〇四年四月から家庭裁判所の管轄に変わりましたが、なぎさの場合、二〇〇四年三月だったため、地方裁判所でおこなわれました。

離婚裁判はものすごく精神的負担がかかるものです。こちらの意見がとおれば気分もよくなりますが、思うようには展開しないものです。相手の勝手な意見を聞かされたり、提出してきた準備書面などを見ていると腹立たしくなることもあります。裁判のことばかり考え、ノイローゼになってしまう女性も多いというのもうなずけます。なぎさも苦痛ともいえる長期に及ぶ裁判のせいで、徐々に精神的にまいってしまいそうでした。

離婚するにあたり、慰謝料も養育費も期待できないのはなぎさ自身わかっていました。いつも転職しては借金を繰り返し、その借金の尻拭《しりぬぐ》いを一五年間もなぎさが働きながらしてきたからです。彼女の争いはただ一つ、親権をとり、夫から子どもへの面接交渉権を拒否することでした。

一回目の離婚裁判を終えた後、彼女からこんなメールがきました。

「訴訟は思った以上に精神的にキツイものでした。私の場合、親権も離婚も問題はないと思います。慰謝料や養育費等、お金に関することは判決に関係なく、夫には支払い能力はないと思います。ですから、ほとんど問題ない裁判だと思いますが……。娘との面会に関する点だけは、どうしても譲ることはできず判決を求めて裁判を闘うつもりでいます。

夫からの答弁書が届くたび、恐ろしい無力感に襲われます。どうしてそんなことが言えるの？　と怒りを通り越して脱力してしまいます。どんな結果であれ、好きで一緒になった人と罵声を浴びせ合うような裁判は精神的にかなりキツイ作業です。

しかし、これがDVという現実なのだと、まだわずかに残っている情を断ち切るためには必要な過程なのかもしれないと思っています。

これからも多くの女性が、望まない訴訟を選ばなくてはならないでしょう。その際、少しでもDVを理解した『正しい判決』が下されるよう、私も後に引くことはできません。

私自身、DV＝身体的暴力と思っていました。しかし、DVとは奥が深く、加害者である夫が死を迎えるまで、被害者の恐怖は続くのかもしれません。

私のようにPTSDを患《わずら》ってしまうと、いつ終わりが来るかさえわかりません。……」

なぎさは一人で裁判を闘っていましたが、娘の愛子同様、彼女自身もPTSDを患って精神神経科に通院しなければならない毎日を過ごしていました。数種類の薬をもらい治療していましたが、いろいろな症状に悩まされていました。立ちくらみ、めまいなどの他にも、自分が自分でない感覚や、起き上がれないほどの無気力に襲われることもありました。そうかと思うと、ひたすら動き続けずにいられない時期が来たりして、日常生活にも支障が出てしまうほどでした。

以前は当たり前にできていたことができなくなってしまう。記憶ができない。自分の感情がときに邪魔に思えてしまうこともありました。感情がないことがおかしいのに、「異常」な生活を長く続けてしまったせいか、「正常」がわからなくなってしまったのかもしれません。

こんな状態のなかで、必死に自由を求めて離婚裁判を闘わなければなりませんでした。

「……離婚裁判のつらいところは、思い出したくないことを必死で思い出さなければならないことですね。そして相手のうそにまた傷つけられる。とどめは裁判所の無理解。裁判官にとっては、たくさんの事件のなかのたった一つ、しかも、たかが離婚程度なのかもしれません。そう思わざるをえない判決もままあります。DVが犯罪なら夫は犯罪者なのに、離婚の慰謝料は普通の離婚の場合と同じ判例や相手の収入等を考慮して決定される。いったい何なんでしょう？　犯罪者である夫は日々の生活を続けて、被害者である妻は日常生活のすべてや友人、知人なども捨てて、逃げたというのに……。

私の弁護士がよく言います。悲しいかな法曹界が一番、認識が遅れていると。悔しいですね」

なぎさからのメールにはこのように書かれていました。

「二回目の離婚裁判が終わったころ、夫が再度、訪ねてきました。前回の経緯もあったので、家のドアを開けずに勇気をもって即警察に通報しました。警察官が到着する前に夫が立ち去りましたが、この日の夕方、保護命令違反により夫に逮捕状が出ました」

警察での二次被害

夫はこのときは運送会社に勤務していましたが、相変わらず酒臭い息で出勤したり、欠勤も多く、会社からたびたび警告を受けていました。夫はこの会社から離婚訴訟の弁護士費用を借りていました。

逮捕状が出た翌日、運送会社の事務所にいるところを二人の刑事がきて、逮捕されました。

「おれが何をしたっていうんだ。家族に会って何が悪いんだ」と状況を判断できないまま警察署に連れて行かれました。

警察署での取り調べが始まり、同じようにして、なぎさにも事情聴取がなされました。なぎさは今までの状況や、離婚裁判で離婚と面接交渉権の拒否をしている実情を話しましたが、DVに理解のない取り調べ担当官から「夫には子どもに会う権利がある」と言われ、腹が立ちました。さらに、以前、保護されることを迷っていたなぎさの背中を押してくれてDVに理解があると思って感謝していたDV担当の生活安全課の婦人警察官にまで、「夫に子どもを会わせないという権利はあなたにはないでしょう?」と言われ、ショックを受けました。

「別れた親との面会は子どもの権利です。でも、愛子は幼くて自分の意思を表現することはできません。だから子どものために一番正しい判断をするため、私は専門医に受診して相談したり、本を読んで勉強したりしながら、私の感情抜きにして考え抜いた結論です。傷ついて夜中におびえて泣く娘を見てきたのは私です。あなたや夫に何がわかるのですか?夫に会わせるか、会わせないかの判断は裁判所に任せます。双方が平等に意見を述べる場が与えられているのですから、ここであなたに指図されることではありません」

泣きながら、なぎさはそう反論しました。

「あなたの言うことは正論すぎて逆にうそくさく感じるのよ」

それに対する彼女の言葉です。まさに警察署での更なる二次被害といえるでしょう。

なぎさが、親権や面接交渉権を拒否することを要求する一番の理由は、加害者の行動パターンすべてが子どもに影響を及ぼすからです。情緒面や発達面に重要な影響を受けるからです。また、面接交渉権を加害者がもってしまえば、少なからず、なぎさにも子どもをとおして接点をもち続ける危険性もあるでしょう。

DVとは反復される犯罪です。面接交渉権を加害者に許可してしまっては、犯罪を抑止することはできません。そして、DVを目撃したことでPTSDになってしまった子どもの回復には、安心感が最も重要だからです。子どもの安全と安心を最優先に考えるべきです。

しかしながら、離婚の際には、DV加害者は、暴力をふるわない男性に比べて親権を要求する傾向が強いといえます。それは加害者の独占欲の強さであるともいわれています。

調書は警察官に聞かれたことに答え、警察官が作成します。微妙な表現が食い違い、最終的にでき上がった調書は、「貧乏でお金のことでけんかが絶えず、憂《う》さ晴《ば》らしに酒を飲んだ夫が妻の言葉に追い詰められて思わず手が出て、暴力をふるってしまった」というストーリーになっていました。確かにDVに理解のない人から見れば、このような話になってしまうかもしれません。しかしDVとは相手を自分の思うようにコントロールしたいという欲求が暴力という行為で反復されていく犯罪なのです。それは対等な夫婦げんかの結果、夫のほうが力が強かったために傷害を負わせてしまったというのではありません。

このようなDVに対する認識の違いが、被害者を更に追い詰めて孤立させ、生きる力を奪ってしまうのです。

夫の逮捕

夫に逮捕状が出てから、身の安全を確保するために再び、愛子と一緒にシェルターに一〇日間入所しました。

そこで、担当してくれたシェルターの職員が、開口一番、「母子寮どうだった？」と聞いてきました。

今までの出来事を話すと、「最初から対応が変だったから心配してたのよ。相談してくれたら、もう一度ここに戻ってきて、母子寮を探しなおしてもらうこともできたのに。でも、退所できてよかったね」となぎさの肩をたたきました。

シェルターは母子寮入所までの一時避難の場所で、一度出たら、もう戻る場所ではないと思っていたなぎさにとっては、予期せぬ言葉でした。「ただ、相談先は慎重に選ぶ必要があるでしょう。それに、別の受け入れ先の母子寮に関しても、対応が十分かどうかの保証はないのです」となぎさは言います。

夫は保護命令違反でその後拘置所で過ごしていました。「何でおれ様がこんな目にあわなくてはならないんだ。おれは妻と娘に会いに自分の家に帰っただけなのに、何でこんなところに入れられるんだ」と訴えていたといいます。当然、今までの傷害や暴行を全く認めようとしませんでした。それどころか、「なぎさのせいでこんなところにぶち込まれてしまった。覚えていろよ。おれは絶対に離婚などしないからな」と逆恨《さかうら》みする有り様でした。

逮捕後、なぎさの両親が夫の会社に出向き、専務に会って事情を説明しました。入社時になぎさの父親が夫の身元保証人になっていたからです。また解雇されるとなぎさが逆恨みでもされて、何をされるかわからないので、解雇は考慮してほしいとお願いしたのです。

なぜ、ここまでされて、なぎさの両親までがこんなに気を使わなくてはならないのかと矛盾を感じるでしょうが、DV加害者に対する恐怖心と身内の関係という同情心の複雑に絡み合ったDV特有の心理がそこにあるといえるでしょう。

「人権問題が絡むことなので、免職にはしない。また貸付金のこともあるので、本人が勤務する意思があるなら逮捕のことは問題にするつもりはない」との会社側の回答でした。

同じ団地の四階に住んでいる女性が、警察の実況見分に夫が連れられて来たときの様子を教えてくれました。

上下ジャージ姿で手錠をかけられ、ビニールのスリッパを履いて、四人の警察官に前後左右を挟まれて自宅に来たそうです。

それを聞いたなぎさは、「一五年の結婚生活の最後がこんなことになるなんて」と胸が苦しくなりました。

「今でもまだ、そういう話を聞くと夫に申し訳ないと思ってしまう自分がいることに驚きました。でも今は自分に、私は悪くないと自分で言い聞かせるしかないのです」

今でもこのように語っています。

夫が勾留されて三カ月後、保護命令違反で起訴された夫の刑事裁判がありました。夫側は完全にDVを否定しました。

一〇日後、判決公判が開かれ、懲役六カ月、執行猶予三年の判決でした。

たとえ執行猶予がついたとしても有罪だったことになぎさは少し安心しました。少なからず、夫の暴力を裁判所が認めたことになるからです。

しかし、直ちに拘置所から釈放されることになるため、なぎさは三度目の保護命令の申請をおこないました。これが最後の保護命令になるかもしれません。

この「保護命令」は、唯一被害者を守ってくれる法律の制度ですが、実際の被害がなければ申請できないものです。

なぎさの場合は、更なる暴力被害を受ける恐れがあるということですでに接近禁止命令（六カ月）を二度出してもらっているため、今度が三度目ということになります。加害者が命令違反行為をせず、おとなしくしていれば、更なる暴力（身体的暴力）によりその身体、生命に重大な危害を受ける恐れがないということで、申請は却下されます。

結局、この法律にも問題があります。被害者には、DV被害に対する接近禁止命令は一定期間を過ぎると、更なる暴力被害を受けてから申請してくださいということになるからです。

まさか執行猶予期間中にバカなことはしないだろうと思いつつも、なぎさは不安でした。逃げる被害者をやめて、以前夫と暮らしていた県営住宅に居を構え、子どもと一緒にあらゆる法律を盾にして闘ってきたなぎさではありましたが、法律に限界があることを知り、不安になってきたのです。

このままここに住み続けるか、引っ越すか、しかし生活保護で暮らしているなぎさには、引っ越し費用もありません。もう二度と、母子寮など行きたくもない。できれば、生まれ育った土地での今の暮らしを続けたいと思っていました。

そんな不安のなか、保護命令が発令されました。保護命令の審尋の日、なぜか地方裁判所に夫は姿を見せなかったので、不在のままスムーズに保護命令が決定されました。

これであと半年間は、なぎさ親子に夫が近づくことができないように法律が守ってくれます。

判決

いったい離婚裁判はいつ終わりがくるのだろうか？　なぎさは、そんな不安と過度のストレスからか、この頃は記憶が混濁《こんだく》することもありました。このまますべて記憶を失ってしまったらどんなに楽になるだろうか。しかし、裁判で闘うためには、すべてを忘れてしまうことはできない。何かに追いたてられるような不安に襲われたなぎさは、裁判はほとんど弁護士さんに任せて、出廷ができませんでした。

そんなある日、宏の弁護士が突然辞任しました。宏からの弁護士費用の支払いが滞《とどこお》り、さらに裁判準備のための呼び出しにも応じないため、依頼人である宏との信頼関係が壊れたという理由からでした。宏には新たに弁護士をつける費用もないので、自分で本人尋問に臨んで裁判は終結しました。

そんなこともあり、二〇〇四年の一二月、三度目の接近禁止命令が発令されている間に、運良くなぎさの離婚裁判の判決が出ることとなりました。なぎさが交番に駆け込んだ日から一年半がたっていました。

原告のなぎさは、離婚と娘の親権と、また娘が満一五歳に達するまで、被告の宏に所在地から半径二百メートル以内に立ち入ったり電話をかけてはならないことを要求し、また慰謝料三百万円を請求していました。

なぎさの気がかりはただ一つ、愛子に夫が近づかないように面接交渉権の拒否を満一五歳まで出してもらうことでした。

判決が言い渡されました。

「被告（宏）は原告（なぎさ）との間で、家庭の経済問題等を巡って夫婦喧嘩となったときに原告に対して暴力を繰り返しており、原告が警察や子ども家庭センターに相談に行き、地方裁判所に保護命令の申立をし、同裁判所が保護命令を発令していることや、原告がその後も保護命令の期間の満了が近づくたびに新たな保護命令の申立をしていることを鑑みれば、原告と被告との婚姻関係はもはや破綻《はたん》しているというべきである。したがって民法七七〇条一項五号にもとづく原告の離婚請求は理由がある。

また、被告の婚姻期間中における暴行の態様等に照らせば、これによって原告が肉体的のみならず、精神的苦痛も負っているといえるから、これに対する慰謝料としては×××円が相当である。

被告が長女に怪我を負わせたことがあることや、長女の年齢に照らして母親の役割が大きいことに照らせば、長女の親権者を原告と定めるのが相当である。

被告は保護命令に違反して、原告の自宅を訪問し、電話番号を教えられた際は、毎日電話をかけるなどの行為をした。さらに、被告は再度保護命令に違反して原告の自宅を訪問し、逮捕、起訴され、有罪判決を受けている。被告のこれらの行為は、原告にとって、幼少の愛子との日常生活を送るにあたり、不安や恐怖を抱かせるものである。以上のような被告の行為は何人にも侵害されずに、愛子と平穏な日常生活を過ごすことができるという原告の人格権を侵害するものであり、被告が再び原告の自宅を訪問したり、電話をかける恐れが少なくない以上、将来にわたっても、侵害の恐れがあるといえる。

他方で被告が愛子の父親であり、愛子との面会を希望していること、愛子が本件の口頭弁論終結時現在満三歳であり、父親との接触を長期間禁止するのは、子の人格的な成長からいって望ましくないことも考えられること、また愛子の年齢がある程度高くなってきた場合、原告の人格権とは別に愛子独自の人格権という見地から被告との面会等の可否を審査する必要があることに鑑みれば、原告の人格権にもとづく妨害排除の請求は、愛子が満六歳に至る日までの間、被告が原告及び、愛子の所在地から半径二百メートル以内に立ち入ったり、これらの者に電話をすることを禁じる限度で認めるのが相当である」

通常、民事の離婚裁判は、離婚、慰謝料、養育費などを決めるだけであると私は認識していましたが、ここまで踏み込んだ判決が出されたことは、刑事裁判での有罪判決を考慮しての結果だと思いますし、一定の評価が下されてもいいと思います。

しかし、もしあのとき、なぎさに勇気がなく警察に電話ができず宏が保護命令違反で逮捕されていなかったら、刑事裁判での有罪判決も民事の離婚裁判も娘に対しての面会を三年間拒否する判決も出なかったのではないでしょうか。

今後の加害者との面接交渉については、子どもや被害者に更なる心理的負担と恐怖を負わせないためにも、面接交渉権を制限できる法律の改正が早急に必要です。

または、加害者との関係を保つという、子どもにとっては、監督つきの面会をおこなうことを考えるべきです。

反対に経済的な理由だけで、親権を加害者側の夫に取られてしまう場合も多くあります。また面接交渉権が認められていても、子どもがまだ幼いために、父親も一緒に会わなくてはならず、怖くて子どもにも会えないと泣いている女性も多くいます。

米国では監督つきの面会センターがあるといいますが、日本でもそのような施設の設置が必要です。

どんな暴力的な父親であろうと愛子にとっては、たった一人の父親です。このことが将来、なぎさを苦しませ続けていくであろうと思うと、私は心が痛くなりました。

加害者の言い分

これでやっと一件落着かと思い、なぎさが喜んだのもつかの間、執念深い夫の宏は高等裁判所へ控訴しました。弁護士がつかないことから、本人訴訟の裁判となりました。

なぎさは裁判は弁護士にすべてを一任して、出廷することはありませんでした。

宏は娘の愛子と今後三年間会えないという裁判所の決定に激怒しており、「いくら裁判所でも、血のつながった親子関係を引き裂くことなどできるはずはない。絶対に愛子は渡さない」と強く言い張ったそうです。

日頃からなぎさに対して、「子どもは絶対に渡さない。子どもはおれだけのものだ。お前を殺してでも、子どもと一緒に暮らす」と包丁をなぎさに突きつけて脅したりしていたので、そう簡単に愛子の親権は譲らないだろうと、なぎさは恐ろしく感じていました。

地方裁判所で争った際も、夫は、妻が過去に二度、薬物を大量に服用して自殺未遂を図り自分が救急車を手配して病院に入院させたと、その経緯をしきりに訴えました。そのことで、なぎさの精神状態が不安定であり、愛子との二人きりの生活をゆだねることに著しく不安があるとして、夫側の親権の必要性を主張したのです。

今度の高裁でも、なぎさがＰＴＳＤを患い精神神経科に通院していることをどこからか調べてきて、それを理由に母親側が正常な精神状態でないと強く訴えました。あくまで娘愛子の親権を強く求めてきたのです。

また、地裁で指摘された自身の暴力性に対しては、「自分で包丁を持ち出したり、これを妻に突きつけたりしたことはない。裁縫バサミは、これを渡そうとしたときに間違って刺さったものであり、刺したものではない。子どもにも暴力をふるったことはない。愛子を押し入れに入れた際に誤って愛子の指が狭まってけがをしたことはあるが、これは妻が怒りくるってけんかをふっかけてきたため、愛子に見せるのはかわいそうであると思って押し入れに入れただけである」という主張を改めて繰り返したのでした。

ただ、完全に暴力性を否定していた地方裁判所での答弁に比べると、高等裁判所では、「口論の末、時に手が出たことはあるが、普通の夫婦げんか程度のもので、なぎさが主張するような程度には至っていない」との発言もありました。

DVとは単なる夫婦げんかの範囲を超えた暴力です。そのような状況でありながら、暴力をふるう側が自分の暴力性を認めないのは、自らの暴力性に気づかないためでしょうか。刑事裁判においても、暴行の事実を裁判所は認定しているにもかかわらず、いまだ認めようとしないこと自体に疑問を感じてしまいます。

またDV加害者の特徴として、責任を相手に転嫁《てんか》する思考パターンも読み取れます。

この裁判においても、なぎさの弁護士が口論になる理由を宏に尋ねると、「そもそも口論となるのは、お金がないことについて妻が自分を責めることに原因がある。そして、このような経済状態に陥ったことは、なぎさの自殺未遂が大きな原因である」とすべて妻側に責任があるとの主張を繰り返していました。

更に弁護士が問い詰めると、「なぎさが自殺未遂をするたびに一週間近く病院に入院していた。退院後も約一カ月半にわたり子どもの面倒を見なければならない状況が続いたため仕事を休むことが重なり、勤務先を退職させられた」と言うのです。

しかしながら、宏の転職癖は結婚前から頻繁に見られたことであり、それを妻の自殺未遂のせいにするのはおかしな話です。

地方裁判所でも、宏が結婚前からいくつかの会社を転職していた事実を認めていました。結局、なぎさの弁護士に、「それであったら、なおのこと子どもを引き取るとお仕事に差しさわるのではないでしょうか?」と矛盾を指摘され、返答に窮したあげく、「あなたに何がわかるのか? 子どもは、かわいいものだ。親にとって子は鎹《かすがい》である。愛子がいれば仕事にも意欲がわくというものである。良き妻がいて、可愛い子どもがいてこそ、男は安心して仕事ができるというものである。だから離婚はしない」としどろもどろに理不尽な言葉を発する有り様であったといいます。DV加害者の主張は誠に勝手なものです。

なぎさが聞いたら怒りくるうだろうと思っていましたが、この頃の彼女は勝利を確信していたのか意外に冷静でした。「最後だから言いたいことを言わせてあげてください」と弁護士に伝言するくらいの余裕をもっていました。

なぎさの想像どおり、多少時間はかかったものの、なぎさ側の全面勝利で、高等裁判所は被告(宏)の控訴を棄却する判決を下しました。

離婚の成立

今度は宏はあきらめたのか、最高裁判所には上告しませんでした。

二〇〇五年、なぎさの離婚が成立しました。

なぎさは、裁判の結果に満足していました。

「ほっとしました。とうとうこの日を迎えることができました。後、三年のうちに引っ越しをしたいと思います。

夜になって凍りついた感情が一気に溶け出したように、うれしいのか悲しいのかわからない涙が出ました。

怒りが抑えられず、自分で自分の腕を血がにじむほど、噛《か》んでいた夜。

夫が起き出してこないように、タオルを噛んで壁や床に頭や額を打ち付けていた夜。

寝ている夫を殺そうと思った夜。

胃痙攣《いけいれん》にのたうち回った夜。

生きていてよかった。殺さなくてよかった。思わず、そう呟《つぶや》いてしまいました。

やるだけのことはやった。そんな充実感に、心が少しだけ晴れた気がしています。

これで終わるのでしょうか？　これが始まりなのでしょうか？　今の私にはわかりません。

家を出たあの日からずっと自分に言い聞かせて来ました。

カッコ悪くてもいい。這ってでもいいから一歩でも前に進もう。

あの日の一瞬の決断は間違っていなかった」


生きるために必死で逃げたあの日から一年八カ月、彼女はやっと自由を手にいれました。

人の優しさに癒されて

同じ団地の三階に住んでいる圭子は、なぎさが交番に駆け込んだあの日、一緒にシェルターまで付き添ってくれた友人です。自治会費の集金で彼女のお宅に行ったとき、「おもちゃがいっぱいあるからお入り」と気軽に声をかけてくれたことがきっかけで知り合いました。

年下であるが、母子家庭であるという圭子はとても気さくで面倒見《めんどうみ》のいい人でした。彼女もまた、ＤＶ被害者で離婚経験がありました。

なぎさの夫がトラックの運転手をしていた頃、仕事で夫が帰らない日は圭子が「夕食、一緒に食べよう」と誘ってくれたりもしました。二人はいろいろと話をするようになり、圭子は自分の離婚の経緯を打ち明けたし、なぎさも少しずつ夫のことを話すようになっていました。

圭子は夫のDVに悩みつつ離婚を決意できないでいるなぎさを心配していました。圭子は自分の経験を話すことによって、なぎさにもDVから抜け出してほしかったのです。

交番に駆け込んだあとも、告訴することを躊躇《ちゅうちょ》し、逃げることにも迷い、何も決断できないでいるなぎさに、「思うようにしたらいいよ。でも今日は帰らないほうがいいと思う」とだけ繰り返して忠告してくれました。

圭子は警察署に同行して、一時保護施設の手配をしてくれた警察官に「私が送って行きます」と申し出てくれました。

圭子に送られてシェルターに着いたなぎさはまだ迷っていました。

「ここを一歩入ると、もう引き返せない。どうしよう」という不安があったのです。しかし、ここまで圭子にしてもらって、もう引っ込みがつかないという気持ちから、シェルターのドアを開きました。

シェルターに入所して三日後、圭子から手紙が届きました。

彼女の元夫との生活のこと、離婚に踏み切った理由などが書かれた手紙と一緒に愛子にプレゼントとしてお人形のおもちゃまで入っていました。なぎさは圭子の優しい心遣いがうれしく、何度も迷うたびに、彼女にしてもらったことを思い出し、心を鬼にして夫への思いを断ち切りました。

今でも、なぎさと同じ団地に住む圭子は仲良く付き合ってくれています。近所の人たちも温かい目でなぎさと愛子を見守ってくれています。

なぎさは、まだPTSDが完治せず、いまだに精神神経科に通院していますが、少しずつ回復してきています。

最近では、看護師の仕事は夜勤もあり、母子家庭で小さな子どもを育てていくには大変なので、ケアマネージャーになることをめざして勉強を始めました。

なぎさの心の傷は、刃物で刺された傷と同様、一生消えることがないものです。しかし、元DV被害者の友人の温かさに支えられ、少しずつでも明るさを取り戻してきているようです。

母子寮での二次被害、市役所での二次被害、警察での二次被害、調停での二次被害、たくさんの二次被害に遭ってきました。これからも、二次被害に遭うことだってあるかもしれません。

しかし彼女は、これまでの壮絶な人生を強く闘うことができたことで、今後もどんな困難にも負けず、人生を切り開いていくでしょう。

最後になぎさはこう言いました。

「DVは逃げても解決しないのです。生活の拠点を変える必要はあっても、闘って乗り越えていかないかぎり、幸せはつかむことはできません。だからこそ、同じ被害者の方に、一緒に闘いましょう、と伝えたいのです」

半年後、なぎさの様子を聞いてみると、やはり不安な日々を過ごしていました。裁判では三年間の接近禁止命令が出ましたが、三年後はどうなるかわかりません。「三年以内に引っ越そうと思うが、住民票も移せないだろうし、実家との縁も切らなければ居場所はわかってしまうだろう」と悩んでいました。

ときどき、パニック発作が起きて首を締めつけられるような息苦しさに襲われたり、一〇日間くらい発熱が続くこともあるといいます。PTSDの回復は数年単位だといわれています。「一つの症状がおさまると、また新しい症状に悩まされる。次はどんな症状が出るのか予想ができません。いつ終わるのか？」と彼女は深いため息をつきました。

宏が乗っていた同じタクシー会社の車を団地の近くで見ただけで、足が動かなくなり、その場に倒れて意識を失いました。それが宏だったかどうかはわかりません。

私は、ふと、なぎさが以前に言った「ＤＶとは奥が深く、加害者である夫が死を迎えるまで、被害者の恐怖は続くのかもしれません」という言葉を思い出していました。

その後の宏の行方はわかりません。

しかし、加害者更生プログラムを受けることもなく、何のカウンセリングも受けず、「自分はどこも悪くない」と裁判所でも何度も言い続けていた宏は、また寂しさから新しい家族をつくろうとするかもしれません。考えるだけで、私は恐ろしくなりました。

次の被害者はあなたかもしれない……。

DV被害者たち

現在、私はDV問題に対し「DV被害を考える会」という活動をしています。DV被害者たちはどこへ相談したらいいのかさえもわからない人も多いからです。ささいな悩みを話し合うだけでも気が楽になりますので、被害者たちはネット上で悩みを打ち明け、それを皆で話し合い、お互いに励ましあうという会を結成しました。

この活動をとおして、多くのDV被害者の声を耳にしました。これまで紹介してきたなぎささんのケース以外にも、さまざまなDV被害の実態が浮かび上がってきています。

その一部を紹介します。

私は現在、五〇歳の専業主婦です。子どもはいません。結婚当時から夫は家庭に生活費をたった五万円しか入れてくれず、あとの給料は飲んだり、食べたりと自分のお小遣いとして使ってしまいます。五万円ではとてもやっていけません。今までは私が勤めに出ていたので、私の給料で何とかやってきました。

しかし、五年前に子宮ガンを患い、手術をしてからは正社員で働くこともできなくなり、退職してからは、病院の通院の費用さえままならない生活です。いくら夫に言っても、生活費は五万円で十分だと言い、一向にお金を入れてくれません。今は離婚も考えておりますが、体のことを考えると、この先、一人で生きていくことがつらく感じ、死にたいと思う毎日です。

これは経済的な暴力被害を訴えたものです。このような経済的な暴力もＤＶです。しかしながら、ＤＶ防止法で適用できるのは、肉体的暴力とＰＴＳＤなどを患ったと立証できる精神的暴力被害のみです。このような経済的暴力も暴力の定義に入れる必要があり、自立が困難な人たちの救済が必要でしょう。

その後、相談者は弁護士さんと相談のうえ、婚姻費用の分担の調停をおこないましたが、不成立となり、裁判で離婚が成立しました。十分ではありませんが、慰謝料と財産分与を受け取り、現在は妹さん夫婦と同居しています。

「今は離婚して本当によかった。これからは体の調子も考えながら、パートの仕事でも始めてみようと思っています。

何よりも精神的に楽になりました。離婚をしたら一人になって寂しいと死ぬことばかりを考えていましたが、私には励ましてくれる友人やきょうだいがいます。自分は一人ではないと改めて感じています」と笑顔で語ってくれました。


私は六五歳で、夫は七〇歳です。夫は定年退職してから暴力がひどくなり、何かと怒鳴り散らすようになりました。

言葉の暴力だけなら何とか我慢できるのですが、二日前に家の中が汚いと怒られ、口論となり、殴られました。その際に右耳の鼓膜が破れてしまい、今もまだ出血がある状態です。二年前にもひどい暴力があり、眼球に傷がつき救急車で運ばれて入院しました。医師からは「被害届を出しますか？」と聞かれましたが、そのときは夫と穏便にすませたいと考え、被害届は出しませんでした。その後、ひどい言葉の暴力は日常茶飯事でしたが、肉体的な暴力はなかったので我慢してきましたが、限界を感じるようになりました。

　離婚は考えていません。というか、私の歳では、離婚後の生活がとても不安です。


どうしたらよいのでしょうか？


身体的な暴力は外傷だけにとどまらず、時として死まで至ることもあるのでとても危険といえます。

　加害者は自分の暴力性に気づき治そうとする強い意志が働かないかぎり、暴力はサイクルをもって繰り返され、徐々にエスカレートしていくのでしょう。

　しかしながら、加害者が自らの暴力性に気づくためには、相手が病気になる、死に至る、離婚を言い渡される、子どもが病気になるなどの強烈なショックが必要で、なかなか自分の暴力に問題を感じる人は少ないのが実状といえます。なんとか穏便にすませようと加害者の言いなりになっていくことは暴力を助長してしまい、逆効果でしょう。

　まずは配偶者暴力相談支援センターに電話し、危険な場合は一時的にも保護してもらうことが必要です。そこで心身共に休みながら、弁護士さんや女性相談員を交えて将来を考えてほしいものです。

私は二五歳で結婚五年目の主婦です。夫は同じ歳で、いわゆるできちゃった婚で結婚しました。現在、子どもが三人おります。夫は家庭的で子どもの世話もよくしてくれますし、仕事も一生懸命で問題はありません。しかし、避妊をしてくれず、性欲が強いため、私は毎年のように妊娠しております。今まで中絶も経験しております。これ以上、子どもはほしくないので、避妊をしてくれるようにお願いしても、聞いてくれません。今度できたら、堕《おろ》せばいいと簡単に言うだけです。

また、私が疲れていて、セックスを拒むと無理やりにさせられます。こんな状態が結婚してからずっと続いており、夜が怖くてなりません。そして、自分の体もぼろぼろになっていくようで、怖くてなりません。子どものことを思うと、私が我慢していくしかないのでしょうか？

これは性的暴力被害を訴えたものです。同意のないセックスはレイプであり、身体的な暴力被害に等しいものといえます。性的暴力も個人の尊厳を損ない、健康を害するものであり、女性に屈辱を与える行為なのです。いずれは体だけでなく、精神的にも害を及ぼしていくでしょう。

改正されたＤＶ防止法において、暴力の定義に性的暴力も含まれるようになったことは前進であると評価できますが、保護命令には、現在のところ含まれていないのが現状です。自己の意思に反して性交を強要された側の心理的ダメージを、カウンセリングをとおして夫側に教える必要があります。ひどいケースは性的暴力被害も保護命令の対象にして、保護していく必要性があります。

結婚して一四年の主婦です。主人は三八歳、私は三六歳です。以前から結構怒りっぽい夫でしたが、最近は、特によく怒ります。

怒るとテレビの音を夜中でも最大限にして、同時にステレオの音も最大限にします。私に出て行けと言い、先日は、音を出す代わりに、フライパン一個に水としょうゆをいれ、その中にタカのつめを入れてボーボーと燃やし、子どもたちものどが痛くなり起きてしまいました。これは、DVなのでしょうか。

とにかく、怒ると長く、下手をすると丸々二日、それで終わればよいのですが、また思い出し、一週間後も怒り始めます。ステレオの音を小さくしようとするものなら、殴り飛ばされます。何か良い方法はないでしょうか。

怒る原因は、何か私が彼に対して、気になることを言ったときらしいのですが、私

──は、何か気づきません。普通の会話のつもりです。

結婚一二年の主婦四〇歳、子どもが三人です。精神的暴力のトラウマで苦しんでいます。いつ精神的暴力がやってくるのか検討がつかないのも怖いところです。

私にとっては「どうしてそんなことで怒ってしまうの？」ということがたくさんあります。夜中の玄関を開けるカギの音がまず恐怖でたまりません。この一二年間、夜中に夫が帰宅することに気づかなかったということは一度もないのに、主人に「昨日、何時に帰ってきたか知ってる？」と言われて「全然知らなかった」と言ってしまう自分がいます。なぜでしょう？

小さいこと大きなこといっぱいありました。そのたびに私の心の傷は増え続け今年限界を感じ心療内科で対人恐怖症と診断されました。

過去、私を人間としてパートナーとして扱ってくれなかった時期があり、同居別居を要求され、子どもと寝室で息を潜めて怯《おび》えて生活していました。この傷が深すぎて、許せなくて悲しくてもうどうしようもありません。

この二つのケースは、肉体的暴力よりも精神的暴力被害のひどさを訴えているものです。

そして悲しいことに子どもまでが被害を受けていることが深刻な問題です。

DVが子どもに与える影響は情緒面、行動面および学習能力など広範囲にダメージを与えます。そして将来、子どもの価値観や考え方に与える影響も多大であり、母親と同時に子どもも心のケアが必要です。

後者の相談者の場合は、心療内科から診断書をとり、保護してもらうことが可能です。そして、ゆっくりと休んでケアしてほしいものです。それと同時に相手側のカウンセリングが強制的にできるようになるといいのですが、まだ日本では、そのようなシステムが確立していません。

私は四五歳の主婦です。子どもは一人います。

うちの場合は夫の言葉の暴力がひどく、二重人格ではないかと思っています。優しいときと怒りっぽいときが交互にあります。特にお酒を飲むと暴言、暴力がひどいです。殺されるのではないかと思ったこともありました。

私はアルコール中毒ではないかと思い心配していましたが、性格的な問題だと思うようになりました。

私は親が離婚しているので、子どもには自分のような思いはさせたくないと思っています。しかし、父親と母親がうまくいってない以上、子どものためにはならないのではないかと思う気持ちもあります。

離婚も考えていますが、なかなか決心はつけられません。

この人のケースもなぎさと同様に、夫にアルコール依存症の傾向があります。アルコール依存はDVの原因ではありませんが、暴力の頻度や激しさに影響を及ぼすことがあります。

しかしながら、DV事件のほとんどは加害者が飲酒していないときに起きており、アルコール依存症とDVとの関係はアルコールが原因ではなく、アルコールは暴力の誘因にすぎません。

相談者は親が離婚しているため、子どもにはそのような思いはさせたくないと思っていますが、両親が離婚していても対立の少ない環境にいる子どものほうが、離婚はしていないが対立の激しい環境にいる子どもより精神的に安定しているといわれています。DVは家庭環境に無秩序な雰囲気をもたらし、子どもにいつ何が起こるかわからないという不安を抱かせるのです。

一八歳の高校生です。ＤＶと私とはかかわりはないかなと思っていたんですけど、一つ上の一九歳の彼氏とけんかすると結構、お互いぶったりしあってしまいます。

最近、けんかになったときに殴られてしまい、後で泣いて謝られました。この人はＤＶの傾向があるのでしょうか？　三年付き合っていて高校卒業後に結婚を考えていると最近言われているのですが、ＤＶだったらどーしよーと思ってしまいます。

相談者はまだ若いので、結婚を急ぐことはないと申し上げたい。

このように十代のデートＤＶが頻繁に見受けられます。やはりＤＶは犯罪であるということを学校教育のなかで取り入れていく必要性があります。

増え続ける青少年犯罪ともＤＶは深くかかわっています。父親が母親に暴力をふるう家庭で育った男の子は将来、加害者となる可能性があります。家庭で暴力を学んでしまうのです。

このようなデートＤＶが、やがて、家庭内の夫婦のＤＶになり、そして、その子どもが暴力性を学んで、次の世代へ暴力を引き継ぐこともあるのです。

まず、デートＤＶをなくすことがＤＶの予防策でもあり、青少年への啓発教育が急がれます。

その後、相談者は高校を卒業後、美容師として、勉強をしながら仕事につきました。彼氏と別れる決意を告げたところ、しばらく彼氏からのストーカー行為に遭い、高校を卒業と同時に就職のために一人暮らしを始め、彼には居場所を告げず実家から引っ越しました。

今は、同じ美容師の優しい彼と出会い、幸せであるといいます。

裕子の場合——三〇年間の社会的暴力

先にも書いたように、ＤＶには、殴られるけられるなどの「肉体的暴力」、暴言を吐かれたり無視されるなどの「精神的暴力」、行動や自由が束縛される「社会的暴力」、生活費などを渡してもらえない「経済的暴力」、そして望まない妊娠やセックスを強要される「性的暴力」などがあります。

ＤＶ防止法の改正によってその定義は、身体的暴力のみならず、精神的、性的暴力も含まれるようになりました。しかしながら、保護命令が出されるケースは主に身体的暴力です。一部、ＰＴＳＤなどの障害に陥るような精神的暴力は含まれますが、それ以外はむずかしいのが現状です。

ここで社会的暴力を受け続けている裕子さん（仮名）のケースを紹介します。

裕子さんは、三〇年近く電話も外出も夫に監視されていて、自由がない生活を続けていました。家を出ていかないのは、やはり経済的な理由からでした。

「娘の相談にのってもらいたい」と裕子の母親から突然電話があったのは、一年ほど前のことでした。

「娘の話を聴いてほしい」という母親の要望から約束の時間に彼女からの電話を待っていたのですが、私はすっぽかされてしまいました。いたずらだったのだろうかと思っていましたが、再度、裕子の母親から電話がありました。

私が「本人から直接、電話をください」と言うと、本人は夫から監視されており自由に電話ができないと渋りつつ、夫が外出したときに何とか電話させるからと再び頼みこまれました。

ある日、やっと裕子から電話があり、本人と話をすることができました。

裕子は六〇歳で、夫は五歳年上の六五歳。お見合い結婚で、小さな日本料理店を経営している裕子の親の家に板前であった夫が養子に入ったそうです。

裕子は結婚直前に父親を亡くしました。現在は夫と母親と裕子の三人家族です。一人娘はすでに結婚して、娘の夫が板前として店で働いています。

結婚当時は小さな料理店でしたが、夫は板前としての腕がよく、常連客も増え、評判の店となりました。

店は会社組織になっており、夫が代表になり、仕事も夫が仕切るようになりました。すべてが順調にいくと思っていた新婚時代だったといいます。

しかし、夫は異常に嫉妬《しっと》深い人でした。どこからか、裕子が結婚前に好きな男性がいて婚約までしたが、結婚に至らず別れてしまったといううわさ話を聞いてきました。

それを知った日から夫の態度は豹変《ひょうへん》しました。「おれはバツイチ女をもらったようなものだ。おれはだまされて結婚させられたんだ」と言っては裕子につらく当たりました。買い物から帰ってくると、「男と会っていたんだろう。この売女《ばいた》め」と言って口論となる。仕事柄、店のお客さんと話をしただけで、「客を誘っていたのか?」と言われ、それ以来、仕事もさせてもらえない。電話で友人と話をしていても、「誰と話をしていたんだ。言え」と電話中に怒鳴られる始末です。

同居している母親が裕子の味方になってくれて、何度もけんかの止めにはいってくれましたが、だんだん、夫は母親にもつらく当たるようになりました。裕子の娘もはじめは母親をかばい父親に文句を言っていましたが、店で働く娘の夫につらく当たるようになったため、娘も何も言えないようになりました。

裕子の母親に対しても、「おれはこの家の主人なのだから、家の名義を半分はおれのものにしてくれ」と何度もうるさく要求するようになりました。裕子の母親は、要求に応えることで娘の夫が変わってくれて夫婦関係がうまくいくようになれば、との期待から家の名義を裕子の夫との共有名義にしてしまったのです。

しかし夫の要求はさらにエスカレートするばかりで、「貯金も半分はおれ名義にしてくれ」と言い出し、母親の持っていた二千万円の預金も自分のものにしてしまいました。

それ以来、食事は店から持ってきますが、洋服や他の日常品は、外に出られない裕子の代わりに母親が買い物に出るようになりました。電話も夫がいるときはできず、三〇年間も監視されて自由のない社会的暴力被害を受けているといいます。

しかし、こんな悲惨な状況のなかでも、まだ離婚の決意ができないと裕子は迷っていました。

その理由は、夫も優しいときがあるからだというのです。DVの加害者特有の優しい顔をもちます。

さらに裕子は、離婚したら、家も店も夫に取られてしまうのではないかと危惧《きぐ》していました。苦労して祖父が建てた家と店を守りたい。また娘夫婦に店を継がせてやりたいと考えています。しかし、精神的には、もう限界であり、八三歳になった母親の健康も気になり、このまま母親に買い物などを頼むのも限界があると心配になってきました。

私は、夫の言うことなど無視して強い態度で行動していくようにアドバイスしました。しかし、自分が出かけると、母親に「あいつはどこへ行った」とものすごい剣幕で怒鳴り散らすのでつらいといいます。

自由を奪う社会的暴力も〝立派な〟DVです。私は配偶者暴力相談支援センターに相談することを勧めました。

しかし、彼女はDV防止法をよく勉強しており、「結局、退去命令が出されている間に荷物をまとめて、どこかへ避難しなければならないから、納得がいかない」と現行法の不備を指摘してきました。

その後、女性相談員に相談したり、弁護士にも相談もしてみましたが、結局、裕子はいまだ夫から監視されて暮らしています。

ＤＶ被害者は経済的、精神的に自立することが大切です。しかし、すでに高齢の母親を抱えつつ、これからの人生を自立して生きていくことは、裕子の年齢ではむずかしいものです。

二〇〇七年四月から離婚時に話し合いで厚生年金の夫婦分割が可能になるということを告げると、最後に裕子は、「このときを待って離婚を考えてみる」と言いました。

男性も被害者に

DVによる男性の被害者もいます。

私が清さん（仮名）に出会ったのは、老人会のボランティアをしていたときのことです。現在、八〇歳の清さんは、私とおしゃべりをしていくうちに、ぽつりと自分の過去を話し、妻からの暴力によって離婚したことを語ってくれました。

彼は二九歳のときにお見合いで妻・民子（仮名）と結婚しました。貧しい家で育った清は苦学して大学に進学しましたが、授業料を払いきれない理由から、大学を三年生のときに中退しました。

しかし、見栄張りの性格でもあった清は都会育ちのお嬢さんであった短大卒の民子とお見合いをしたとき、つい大学卒と学歴詐称《がくれきさしょう》をしてしまいました。当時の大学は、ほんのわずかの限られた人しか行けず、今のように誰でも行ける時代ではありませんでした。結局、このうそが一生涯、清の人生をくるわせることとなったのです。

民子は、清が貧しい家の育ちでも、優しい性格であり、何といっても有名大学卒という学歴から、将来性を見込んで結婚しました。

結婚後、清の両親と一緒に暮らしましたが、民子は質素な暮らしに疲れていました。それでも子どもができ、これから順風な人生が歩めると思っていたとき、彼が大学を中退していたことを知ってしまったのです。その日から、自分はだまされたと思い、民子の復《ふく》讐《しゅう》が始まりました。

民子は両親と相談して、離婚をしようとも考えましたが、子どもが生まれていたことや世間体から実家に戻ることがためらわれました。当時は、バツイチ女性は少なく、世間からは、「出戻り」と陰口をたたかれていた時代でした。

結局、民子は離婚せず、そのままの生活を続けることにしましたが、この日から清に対してのＤＶが始まったのです。「私をだまして結婚したくせに」と清を毎日罵倒しました。

一時期は清の両親と共に、田舎《いなか》の質素な暮らしを我慢しましたが、「こんな田舎暮らしはできない」と言い、子どもを連れて、実家の近くに親から家を用意してもらい、子どもだけを連れて引っ越しました。

その後、民子の両親の激しい罵倒と説教のうえ、清も妻と子どもが生活するその家に引っ越し、新生活をスタートさせました。もともとお嬢さん育ちの民子です。日々の生活は、日本舞踊、琴、お茶、お花といったお稽古事に勤《いそ》しみ、友人との付き合いを楽しみました。もちろん、清の食事の支度など何もしませんでした。サラリーマンの清の給料では、十日もたつと生活費はなくなり、民子の親から仕送りをしてもらうという有り様でした。生活費がなくなると、「あんたが安月給だからでしょう。大卒だったら、もっといい給料がもらえるはずでしょう」と言って、暴力をふるうようになったのです。

しかし、清は自分がうそをついてしまったという負い目からか、何の抵抗もせず、ぶたれるまま我慢していました。民子の暴力に耐えられなくなると、家を出て行き、夜中に帰ってくる生活が続きました。

そんな生活が十数年続きましたが、毎月の生活費不足を穴埋めする借金が重なり、しまいには消費者金融に手を出し、家庭は破綻しました。結局、民子の親からも親族からも罵倒され、借金を背負ったまま離婚し、子どもとも離別しました。

もともとは、うそをついた清が悪いといえるかもしれませんが、復讐するために夫婦生活を続けていた民子の人生も悲しいといえます。

DVの背景には、パワーとコントロールという、一方が他方を腕力や権力（パワー）で支配（コントロール）しようとする構図がありますが、清はうそをついた負い目からコントロールされる側になってしまったケースです。

バタラー（DV加害者）には加害者意識がなく、自分は被害者だと考えています。民子もだまされたという被害者意識から暴力をふるっても、加害者であるという意識は全くなくなっていました。DVは家庭内において権力をもつ者がその権力を乱用して力で他方を支配しようとする行為です。

清さんも見栄など張らずに、ありのままの自分を見てもらい結婚していれば、こんな不幸な人生にはならなかったのにと、清さんの背中を見て私は哀れに感じました。

離婚後、もう結婚はこりごりだと言い、清さんは独身を貫いています。

暴力の連鎖を断ち切る

ＤＶは女性の問題であるといわれています。しかし、少数ですが、清さんのように男性の被害者も存在します。今や、ＤＶは女性だけの問題ではなさそうです。

児童虐待も親から子への「ＤＶ」であり、またその反対の高齢者虐待も問題視されています。

内閣府の調査では、ＤＶのある家庭で、女性の約四〇人に一人が「子どもも同様に暴力を受けている」と答えています。また東京都の面接調査では六四・四％（一九九八年）が子どもへの暴力があったという調査結果が出ています。さらに「女性と子どもに対するＤ

V研究会」の調査によると、DV加害経験者の約六割、DV被害経験者の約四割が「子どもの頃、親から暴力を受けた」と答えています。DVのある家庭に育つと、大人になってDV加害者になる確立が高いという、いわゆる「世代間連鎖」があるといえます。家庭で暴力を学んでしまうのです。そして、暴力を受ければ何かしらのダメージはありますので、それが将来的に対人関係にも悪影響が出ることもあります。

精神的なケアはもちろん大切ですが、加害者をつくらないためにも、DVを根絶していかなくてはなりません。そして何よりも世代間連鎖を断ち切らなければならないのです。法律ができると意識が変わっていきます。児童虐待防止法、そしてDV防止法において、「親子間・夫婦間の暴力は犯罪」と規定されたことにより、社会の認識が少しずつ変わっていくことが期待されます。

二〇〇一年に施行されたDV防止法では、国や自治体の責務を「暴力の防止と被害者の保護」としてきました。改正法では新たに「被害者の自立支援」も明確に責務と位置づけました。これにより自治体は被害者の就業促進や住宅確保など、保護した後の生活を見据えた助言や、情報提供などもおこなうことになりました。

今後は国と自治体が連携することで「二次被害」防止はもちろん、有効な自立支援が期待されます。問題もありますが、これからも少しずつでもよい方向に改正され、現実に即した法律にしてもらいたいと思います。そして、学校教育のなかでも、ＤＶは犯罪であるということを子どもたちに教えて意識改革をはかっていってほしいものです。

この問題はずっと昔から現代まで続く終わりのないテーマかもしれません。しかし、個人の認識の変化が少しずつでも社会によい影響を与えていくことになります。

二〇〇三年末に私は『ＤＶ裁判』という本を出版しました。

年輩の読者から、「私たちの時代は夫に暴力をふるわれたって、我慢してきた。今の人は我慢が足りない」など、批判の言葉もありました。しかしＤＶは、命の危険もあるので我慢することは何の解決にもなりません。「我慢しなさい」という前に「助けてあげよう」という意識をもってほしいと願うのですが。

二次被害には、このような世間一般の方からの二次被害と職務関係者（被害者を支援する立場にある関係者）からの二次被害があります。どちらにしても、ＤＶに対して基本的な理解を欠いていたり、偏見をもっているために起きるのではないでしょうか。

これからも国や各地域の自治体が、ＤＶに関する理解を深めるための啓発活動に一層力を注いでいただきたいものです。

あとがき

主人公なぎさや他の登場人物は、すべて実在の人物です。しかし、事実の細部は、被害者が特定されないように変えているところもあります。

なぎさは現在でもＰＴＳＤ（心的外傷後ストレス障害）を患っています。

厚生労働省研究班の調査によるとＤＶ被害女性の約七五％がＰＴＳＤとの報告がされています（「読売新聞」二〇〇五年六月二日）。自分のつらい過去を思い出すだけで、フラッシュバックや発作に襲われるといいます。

そのような症状に苦しみながらも、自分の体験を話すことによって多くのＤＶ被害者たちの参考になれば……という願いから、現状を訴えてくれました。

彼女たちの思いを本にすることで、読者の皆さんがＤＶの怖さを少しでも理解し、ＤＶに対する認識を高めていただきたい、そしてＤＶ被害者たちが安心して暮らせる社会になることを切望しています。

なお、本書は二次被害の現状を書いたものですが、「まえがき」に書きましたようにすべての機関・救済施設がこのようなものではありません。ＤＶ被害者のために一生懸命に活動してくださる職員が多くおられることをお断りしておきます。

なによりＤＶの被害者の方には、我慢しないで、まず最寄りの配偶者暴力相談支援センター、または女性相談センターに相談してほしいと願っています。

勇気をもって行動すれば、きっと道は開かれます。

最後に、この本の出版に際していろいろと相談にのってくださった佐藤聡さん、法律のアドバイスをしてくださった弁護士の平山知子先生、適切な助言をしてくださった解放出版社編集部の加藤登美子さん、私が仕事をすることにいつも協力してくれる夫・北村亮、そして私の原稿を世に送り出してくださった解放出版社には心より感謝の気持ちをお伝えしたいと思います。

二〇〇五年九月

北村朋子

北村　朋子（きたむら　ともこ）

千葉県生まれ
結婚相談 エグゼクティブクラブ代表
再婚希望者のサークル クロスロードクラブ代表
ＤＶ被害を考える会代表
主な著書『ＤＶ裁判』郁朋社

ＤＶサバイバー ――― 二次被害ともたたかって

2005年９月30日　初版第１刷発行

定価はカバーに
表示しています

著　者　**北村朋子**

発　行　株式会社 **解放出版社**

大阪市浪速区久保吉1-6-12　振替00900-4-75417
電話(06)6561-5273　FAX(06)6568-7166
東京営業所／東京都千代田区神田神保町1-9
電話(03)3291-7586　FAX(03)3293-1706
ホームページ　http://kaihou-s.com

印刷所　㈱リューブン

ISBN4-7592-6099-4　NDC367　102P　19cm　落丁・乱丁おとりかえします